INAUGURATION

A DAX

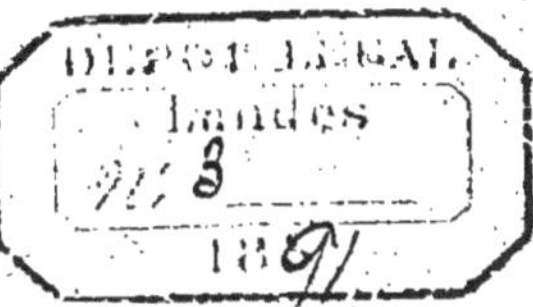

DE LA

STATUE DE BORDA

(24 MAI 1891)

DAX

IMPRIMERIE & LITHOGRAPHIE HAZAEL LABÈQUE,

Rues Neuve & Saint-Vincent.

—

1891

INAUGURATION

A DAX

DE LA

STATUE DE BORDA

(24 MAI 1891)

DAX

IMPRIMERIE & LITHOGRAPHIE HAZAEL LABÈQUE,
Rues Neuve & Saint-Vincent.

—

1891

INAUGURATION A DAX

DE LA

STATUE DE BORDA

LE 24 Mai 1891, a eu lieu, à Dax, l'Inauguration de la Statue de Jean-Charles de Borda, le savant illustre, le grand géomètre des temps modernes, l'un des deux patrons de la Société de Borda.

La biographie de Borda a été faite trop de fois dans notre Bulletin, et dans le volume du Congrès de Dax pour qu'il soit nécessaire de la reproduire dans ce préambule, d'autant plus que les nombreux discours prononcés à cette occasion donnent les détails les plus complets et les plus minutieux sur la vie de notre grand citoyen.

Cette cérémonie imposante était présidée par M. Carnot, président de la République, accompagné de M. Constans, ministre de l'Intérieur de M. Barbey, ministre de la Marine, de M. le vice-amiral Pâris, conservateur du Musée de la Marine, au Louvre, membre de l'Institut et du Bureau des Longitudes, délégué de l'Académie des sciences, et de M. Bouquet de la Grye, membre de l'Institut, vice-président du Bureau des Longitudes. Jamais la Ville de Dax n'avait reçu à la fois un si grand nombre de hauts personnages.

Le Président de la République arriva de Bayonne, avec sa suite, à 9 heures. Nous ne rendrons pas compte des décorations, des apprêts luxueux, arcs de triomphe, guirlandes, maisons et édifices pavoisés qui furent organisés pour cette circonstance exceptionnelle ; non plus que des nombreux bouquets offerts par des jeunes filles ou des bébés, des compliments en vers et en prose ; nous passerons sous silence les discours prononcés en dehors de l'inauguration ; enfin nous ne ferons que rappeler l'accueil enthousiaste et sympathique avec lequel le Président a été reçu.

Les journaux Dacquois en ont fait le récit, et, du reste, cela ne rentre pas dans notre cadre.

Après les réceptions à l'Hôtel-de-Ville, le Président prend place sur l'estrade avec les Ministres et les délégués de l'Académie et du Bureau des Longitudes, entouré de : M. Milliès-Lacroix, maire de Dax, M. le général Ferron, commandant en chef le 18e corps d'armée, M. le général Brugère, MM. de Cès-Caupenne, Pazat et Lourties, sénateurs des Landes, MM. Loustalot, Léglise, Jumel et Sourigues, députés des Landes, M. Mascle, préfet des Landes, M. Plantié, sous-préfet de Dax, MM. le colonel Chamoin, le commandant Maigret, et les commandants Toulza et Pistor, de la maison militaire du Prèsident de la République, MM. le baron de Cardenau de Borda, le commandant Xavier du Cor de Duprat, Paul Roques de Borda, capitaine de dragons, Louis de Joantho, le marquis d'Oro de Pontonx, de Laurens-Hercular et Georges de Cardenau de Borda, lieutenant de hussards, représentants de la famille de Borda, Dufourcet, président de la Société de Borda, Taillebois, secrétaire du Comité de la Statue, Aubé, sculpteur, auteur de la Statue, et d'un grand nombre d'autres invités.

La Statue de Borda, placée en face de l'estrade présidentielle, le représente en costume d'officier de marine de l'époque, appuyé sur une colonne, et tenant à la main le *Cercle à réflexion ;* sur la colonne, une sphère armillaire ; tout autour des attributs divers : une ancre, un canon lançant un projectile, les balances pour les doubles pesées, le mètre, le pendule ; cette œuvre magnifique fait le plus grand honneur à l'artiste, M. Aubé, dont le talent, du reste, est au-dessus de tout éloge.

La *Marseillaise*, jouée par la Musique Municipale, ouvre la cérémonie.

Puis, M. Taillebois, secrétaire général du Comité de la Statue de Borda, prend le premier la parole, et prononce le discours suivant :

DISCOURS DE M. TAILLEBOIS
Secrétaire général du Comité

Monsieur le Président,

C'est au nom du Comité de la Statue de Borda que j'ai l'honneur de prendre la parole devant vous, et de présenter au petit-fils du Grand Carnot la statue de celui qui, contemporain de cet illustre citoyen, sortit, comme lui, du génie militaire et, tout en continuant la carrière des armes, sut, comme Carnot, acquérir la plus haute réputation dans les sciences exactes. L'un et l'autre furent de grands géomètres et tous deux, par une puissance d'esprit extraordinaire et une force de volonté comme cette époque héroïque était seule capable d'en produire, mirent au jour leurs travaux et leurs inventions, au milieu des graves occupations politiques et militaires de l'un, des campagnes maritimes de l'autre.

Borda n'est pas seulement un enfant de Dax ; par ses admirables découvertes, dont le monde entier a profité, il appartient à toute la France qui s'honore de le compter parmi ses plus illustres savants. Aussi est-ce à ce titre, Monsieur le Président, que vous avez bien voulu inaugurer vous-même la statue du Grand Géomètre auquel nous devons le *Cercle à réflexion*, de celui qui fut chargé par l'Assemblée constituante, avec l'aide de Méchain et de Delambre, de déterminer d'une façon précise, la longueur d'un *arc du Méridien*, afin de donner la dimension exacte du *mètre*.

Bien nombreuses sont ses inventions, car on lui doit encore : la méthode des doubles pesées, un appareil ingénieux pour mesurer la longueur exacte du pendule, les règles de platine, les thermomètres métalliques, etc., etc.

Les expéditions maritimes de Borda ne nuisirent en rien à ses travaux, car, pendant les 14 années qu'il fit campagne, il écrivit de savants mémoires fort appréciés : *sur la résistance des fluides, sur la meilleure forme à donner aux vannes des roues hydrauliques et aux roues elles-mêmes, sur la théorie des projectiles, eu égard à la résistance de l'air, sur le calcul des variations, etc.*

Mais que ne pouvait-on pas attendre de ce jeune officier de marine qui, à 23 ans, avait été, malgré son jeune âge, nommé membre associé de l'Académie des sciences, grâce à son savant *Mémoire sur le Mouvement des projectiles !*

La science de Borda n'enlevait rien à sa bravoure dont il donna de nombreuses preuves pendant ses campagnes et, particulièrement, le 6 décembre 1782, lorsque, à l'est des Barbades, attaqué par l'escadre de l'amiral anglais, sir Richard Hugues, il résista héroïquement avec son vaisseau de 74 canons, le *Solitaire*, à un ennemi trois fois supérieur en nombre, et ne consentit à se rendre que lorsque son vaisseau, rasé comme un ponton par la mitraille ennemie, fut sur le point de couler bas.

Voilà l'homme auquel la ville de Dax a voulu élever une statue, pour conserver à ses concitoyens le souvenir de la science et des vertus de son glorieux enfant et servir d'exemple aux nouvelles générations.

Un artiste, dont le talent est éminent, s'est chargé d'exécuter l'œuvre, de lui donner la vie, de nous présenter cet homme de génie, ce grand penseur, achevant la conception de sa plus belle création, du *Cercle à réflexion.*

Mais cette œuvre n'a pu être menée à bonne fin que grâce au bienveillant appui de M. le Ministre de la Marine, de M. le Ministre de l'Instruction publique et des Beaux-arts, de l'Académie des sciences et du Bureau des Longitudes qui nous ont si gracieusement accordé leur concours tout à la fois moral et effectif.

Le Comité m'a confié le soin de leur en témoigner ici toute sa gratitude ainsi qu'aux nombreux souscripteurs qui ont tenu à honneur de contribuer à cette œuvre patriotique.

La statue de Jean-Charles de Borda ne pouvait recevoir une plus haute consécration que celle donnée par le premier magistrat de la République, portant un nom illustre, un nom cher à tout patriote !

Aussi, les témoins de cette imposante cérémonie ne pourront-ils, désormais, séparer dans leur souvenir le nom de Borda de celui de Carnot, la vue du premier rappelant sans cesse le passage trop court du Chef de l'Etat dans notre Ville.

Permettez-moi, Monsieur le Président, de vous exprimer, en terminant, les sentiments de reconnaissance et de respectueuse sympathie que le Comité de la Statue de Borda éprouve pour votre personne.

Monsieur le Maire,

Aujourd'hui, le Comité de la Statue de Borda a terminé sa mission.

Profitant du concours dévoué qu'il a rencontré partout et grâce surtout à votre esprit d'initiative et à votre persévérance infatigable, il a pu surmonter toutes les difficultés.

Le Savant dacquois est enfin sur son piédestal, à cette place qu'il doit occuper au milieu de notre cité, prêt à être livré à l'admiration d'une foule sympathique.

Au nom du Comité, Monsieur le Maire, je vous fais remise de la Statue de Borda.

Après ce discours, le voile qui recouvre la statue tombe. Des applaudissements éclatent. L'œuvre du sculpteur Aubé est unanimement admirée.

M. le Maire prend, à son tour, la parole.

DISCOURS DE M. LE MAIRE DE DAX

Monsieur le Président,

Quel plus grand honneur pouvait être accordé à la ville de Dax que celui qui lui est fait, en ce jour, de voir présider à la glorification de son enfant, Borda, par le premier magistrat de la Nation, par l'héritier du grand Carnot !

Cette heureuse fortune qui nous permet d'unir et d'associer dans un seul et même hommage la mémoire de ces deux illustres citoyens, a transformé cette solennité, toute dacquoise et landaise à l'origine, en une fête vraiment patriotique et nationale.

Quel est, en effet, le Français qui, du Rhin aux Pyrénées, de la Méditerranée à l'Océan, ne sent tressaillir son cœur, en ce moment où la France entière a les yeux tournés vers notre modeste ville, où sont évoquées ces deux grandes figures du siècle passé, par qui furent les chemins de la mer ouverts à la Navigation, la Victoire organisée, la Patrie glorieuse et délivrée.

La ville de Dax a le droit d'être fière de cette journée ; car nulle part son histoire n'aura eu une page aussi belle que celle où j'inscris côte à côte les noms du savant marin Borda et du savant patriote Carnot !

Messieurs les membres du Comité,

Au nom de la ville de Dax, je reçois de vos mains cette statue, destinée à immortaliser le souvenir du Chevalier Jean-Charles de Borda ; et je vous adresse l'expression de ma plus vive reconnaissance pour le zèle avec lequel, en si peu de temps, vous avez mené à fin l'œuvre que nous inaugurons.

Je ne puis, hélas ! que saluer la mémoire de celui qui en fut le véritable initiateur, Albaret. Lui aussi était un enfant de Dax, qui a su honorer sa ville natale et celle-ci a le devoir de ne pas l'oublier aujourd'hui que s'élève un monument dont il fut le premier à nous suggérer la pensée.

Vous avez notre profonde gratitude, Monsieur le Ministre de la Marine, Monsieur le Ministre de l'Instruction publique, qui nous avez accordé avec largesse le concours de l'Etat et vous aussi, Messieurs les Représentants des Landes au Parlement, qui nous avez prêté votre incessant concours,

Je remercie l'Académie des Sciences, le Bureau des Longitudes et la Marine Française dont nous avons eu, dès le premier jour, les précieux et généreux encouragements et qui sont ici représentés par ceux de leurs membres les plus illustres.

Merci enfin aux innombrables souscripteurs qui, à l'exemple du département et des communes des Landes, des villes maritimes, des

Chambres de Commerce et des Associations scientifiques et de Navigation ont apporté leur pierre à ce monument.

Je ne vous oublie point, Monsieur Aubé, dont l'art et le talent ont fait revivre dans le bronze cette belle figure.

Vous avez bien représenté Borda tel que nous nous l'étions toujours figuré : son attitude pleine de noblesse est bien celle du penseur et de l'homme de génie dont le calme et la sérénité ne se laissent troubler dans l'étude ni par le bruit des flots ni par la clameur des foules.

Debout, sur la place publique de la Ville où il est né, il va, désormais, servir d'exemple et d'enseignement aux générations qui arrivent ; et celles-ci, pleines d'admiration pour ce chef-d'œuvre de l'art, s'inclineront pieusement devant la mémoire du patriote et du savant.

Les villes s'honorent, Messieurs, en glorifiant les citoyens qui les ont illustrées ; et la ville de Dax était trop fière d'avoir donné le jour à Borda pour le laisser dormir dans l'oubli ; mais il lui reste encore un grand devoir à accomplir, un honneur à rendre.

Un homme naquit à ses portes, il y a quatre siècles, dont le nom est répandu et vénéré dans le monde entier et devant qui s'inclinent indistinctement tous les hommes et tous les peuples, à quelque religion, à quelque secte, à quelque philosophie qu'ils appartiennent.

Vincent-Depaul, l'apôtre de la Charité et de la pacifique civilisation, le grand humanitaire vers qui se tendent, chaque jour, les mains pleines de reconnaissance des enfants, des malades, des malheureux et des vieillards, Vincent-Depaul n'a pas encore sa statue.

Il y a là, pour les Landes et pour la ville de Dax un long oubli à réparer.

Souffrez, Monsieur le Président, que je place l'œuvre dont le Conseil Municipal m'a chargé de prendre l'initiative, sous vos auspices et sous ceux de la République Française.

Ce sera pour vous un nouveau titre à la respectueuse reconnaissance de toute cette population qui s'unit à moi pour vous acclamer.

La proposition de M. le Maire reçoit les applaudissements de toute l'assistance et M. le Président de la République s'incline en signe d'assentiment.

La parole est ensuite à M. Dufourcet, Président de la Société de Borda.

DISCOURS DE M. DUFOURCET

Président de la Société de Borda

Monsieur le Président,

C'est un bien grand honneur que vous daignez faire aux organisateurs de cette fête vraiment patriotique et à la mémoire de celui qui en est l'objet, en venant rehausser son éclat par votre présence. Cet honneur est d'autant plus grand que, mieux que personne, vous avez pu justement apprécier les services qu'a rendus à la science l'illustre Dacquois dont ses compatriotes ont le droit et le devoir d'être fiers.

Je suis heureux d'être appelé à vous remercier, au nom de la modeste Société scientifique de Dax, que je représente et qui n'a d'autres mérites que celui d'avoir, en prenant le nom de Borda et en essayant de continuer son œuvre, ravivé le souvenir du savant qui lui sert en quelque sorte de patron et d'avoir ainsi appris aux générations nouvelles des Landes à le connaître et à l'honorer.

J'adresse également de justes remercîments à MM. les Ministres et aux hauts dignitaires de l'Académie des sciences, du Bureau des Longitudes, de la marine et de l'armée qui ont bien voulu venir s'associer à cette belle manifestation et à cet hommage rendu par tous les Landais, sans distinction aucune, à *Jean-Charles de Borda Labatut.*

J'ai encore à remercier et, avant tout, à féliciter l'éminent artiste qui a si bien su faire revivre le marin, le physicien et le mathématicien connu du monde entier et dont, malheureusement, on n'avait conservé qu'un buste bien imparfait ; ce qui augmentait la difficulté de l'œuvre que M. Aubé a menée, malgré cela, à si bonne fin. Sa statue, tout le monde a pu en juger, est un véritable chef-d'œuvre.

Les critiques les plus sévères, au point de vue de l'art, n'ont pu que l'admirer, et les archéologues les plus méticuleux n'ont rien trouvé à redire. C'est que M. Aubé, dont le nom nous rappelle un des membres fondateurs les plus sympathiques de notre Société, M. l'ingénieur en chef Aubé, s'est presque considéré comme Dacquois et il a appliqué, avec un dévouement sans égal, à son magnifique travail, toutes les ressources d'un talent qui va en grandissant de jour en jour.

Comme il a bien donné à son sujet l'attitude du profond penseur qu'était celui auquel on doit tant de travaux sérieux, tant de découvertes importantes !

Ces découvertes, du moins les principales, sont groupées autour de la statue qui tient à la main le cercle répétiteur dont l'invention remonte à 1787 et qui fut, bientôt, adopté par les navigateurs de toutes les nations.

Sur le piédestal on voit le *mètre*, dont la longueur exacte a été, on le sait, déterminée par Borda, aidé de Delambre et de Méchain, qui, à eux trois, mesurèrent, à cet effet, le quart du méridien terrestre.

Notre compatriote fit encore, à cette occasion, deux autres inventions : il imagina des thermomètres métalliques si sensibles, qu'ils lui permirent de calculer la dilatation du platine, métal inoxydable, avec lequel il eut l'idée de construire le *mètre type*, et il détermina, par un procédé toujours en usage depuis, *la longueur du pendule en un point donné*.

On lui attribue aussi la méthode, aujourd'hui classique, dite des « doubles pesées ». Peut-être ne fit-il que donner une forme scientifique à ce moyen de corriger les balances fausses, pratiqué de tout temps, paraît-il, par les marchandes de Dax. Le mérite de cette invention leur est, en effet, accordé par une vieille tradition locale qui fait honneur à la fois à leur esprit inventif et à leur honnêteté commerciale.

Je n'ai pas à m'étendre plus longuement sur ces découvertes dont il sera vraisemblablement parlé par d'autres plus compétents.

Je ne crois pas, non plus, qu'il convienne de faire, aujourd'hui, la biographie, qui serait forcément trop longue, de celui qui naquit à Dax en 1733 et qui était le quatrième fils d'Antoine de Borda, seigneur de Labatut, et de Jeanne-Marie-Thérèse de La Croix.

Il appartenait à une des familles les plus anciennes de la contrée, et les traditions d'honneur, de bravoure et de loyauté que le père transmettait à ses enfants, de génération en génération, en firent, dès le commencement du XVIe siècle, une des plus distinguées.

Elle a fourni à la ville de Dax quatre maires perpétuels et deux maires élus pour trois ans.

Les études scientifiques étaient aussi de tradition dans cette famille qui semble réellement avoir été providentiellement prédestinée à jouer un rôle important dans le mouvement progressif qui commença à la fin du siècle dernier. Un autre de ses membres, *Jacques-François de Borda d'Oro*, cousin, ou plutôt, oncle à la mode de Bretagne, de *Jean-Charles*, fut également un grand savant. Il cultiva, lui aussi, les mathématiques, la physique et les sciences naturelles. C'est lui qui jeta les fondements du musée de Dax, dans lequel on admire encore ses magnifiques collections minéralogiques et géologiques.

Il fut le premier maître de son illustre neveu qui continua ses études au Collège des Barnabites de Dax et les termina chez les PP. Jésuites de La Flèche.

La gloire de Jean-Charles de Borda ne serait pas complète si nous n'associions pas à son triomphe celui auquel il a toujours attribué, dans ses écrits, une bonne part de sa fortune et de ses succès scientifiques.

Aussi, la Société de Borda ne les a-t-elle pas séparés ; et si elle a pris leur nom, c'est pour les donner, tous les deux, comme exemples et comme modèles, aux travailleurs désireux de marcher comme eux dans la voie d'un progrès sérieux et pratique.

Après ce discours, les Sociétés chorales et philharmoniques de **Dax** exécutent et chantent une cantate à Borda, dont les paroles sont de M. Larribau, de Poyanne, et la musique de M. Haring, directeur du **grand** théâtre de Bordeaux.

M. Haring dirigeait lui-même l'exécution de son œuvre.

M. le Vice-Amiral Paris prononce le discours suivant :

DISCOURS DE M. LE VICE-AMIRAL PARIS
Membre de l'Institut et du Bureau des Longitudes,
délégué de l'Académie des sciences

Arrivé à l'extrême limite de sa carrière, l'aspirant du capitaine Durville est heureux et fier d'être appelé ici, pour rendre hommage à l'homme illustre qui, plus qu'aucun autre, sut réunir le courage et les talents du marin à la science la plus élevée, en même temps la plus pratique. Tous ceux qui naviguent profitent trop de ce qu'a fait Borda pour ne pas exprimer la plus profonde reconnaissance à celui qui a donné des règles pour confirmer la sûreté des navires et qui a doté la science et la navigation de méthodes et d'instruments dont la perfection n'a pas été dépassée. La carrière de Borda est unique par l'étendue et l'importance des services qu'il a rendus à la marine.

Il faudrait donc une voix éloquente pour en retracer les périodes ; mais, malgré sa profonde admiration, ce n'est pas à un vieux marin de pouvoir prétendre à remplir un rôle aussi élevé ; que l'on veuille donc bien se résigner à entendre un résumé succinct de ce qui a déjà été dit, car il s'agit de faits trop éloignés de nous, ce qui exclut l'entrain de l'exposition de ce que l'on a vu et connu.

Jean-Charles de Borda, de l'Institut national, est né à Dax le 4 mai 1733, de Jean de Borda et de Marie-Thérèze La Croix. Sa famille, originaire de Dax, s'était depuis longtemps distinguée dans les armes, et dans sa vie des grands capitaines français, Brantôme mentionne avec éloge un Borda tué dans une bataille, et un autre devant Dunkerque, lorsque les Anglais essayèrent, en 1696, la machine infernale, qui détruisit une partie de la ville. Il fit ses études à Dax dans un collège des Barnabites et les acheva ensuite à La Flèche, chez les Jésuites qui tenaient alors l'école des enfants nobles destinés à la guerre. Mais son père, chargé de 11 enfants dont deux étaient déjà au service, le dirigea vers les mathématiques, et, à 20 ans, il fut présenté à d'Alembert. Admis, en 1757, dans les chevau-légers, il fit un mémoire sur le mouvement des projectiles et fut nommé associé de l'Académie, à l'âge de 23 ans. Après avoir pris part à une bataille comme aide de camp d'un général, il revint à Paris, se présenta pour le génie militaire, fit des expériences sur la résistance de l'air et de l'eau par la traction de corps de différentes formes, et les rapports sur ce sujet, en rectifiant quelques résultats de Bernouilli et de d'Alembert. Après avoir donné la meilleure forme des roues hydrauliques, il présenta des calculs sur le fonctionnement des pompes, puis sur la résistance de l'air sur les boulets. M. de Praslin, ministre de la marine, voulut, non sans quelque peine, l'attacher à la navigation et le nomma, en 1767, sous-lieutenant de port, c'est-à-dire second capitaine de port. Lorsque la frégate la *Flore* fut armée pour expérimenter le chronomètre par un voyage sous des climats différents, Borda et l'abbé Pingré furent nommés commissaires de l'Académie et embarquèrent sous les ordres de Verdun de la Crène. Aux expériences sur les montres de Berthoud et de Le Roy, s'ajoutèrent de nombreuses observations pendant ce voyage célèbre, dont l'ingénieur Ozanne était le dessinateur et dont les œuvres spéciales se trouvent au musée de la marine. Il fut ensuite chargé de déterminer la position des Canaries dont l'île de Fer était adoptée pour le méridien de tous les peuples. Il ne fut nommé lieutenant de vaisseau qu'en 1775 et à bord de la *Boussole*, il alla déterminer la hauteur du pic de Ténériffe, où il observa de curieux phénomènes du volcan. Il se signala d'une manière toute différente dans la campagne du comte d'Estaing, vers 1778, dont il fut major général et il fut cité pour sa conduite dans cette armée, l'une des plus nombreuses que nous ayons eues et qui décida en partie de l'indépendance des Etats-Unis. Son expérience lui ayant démontré l'importance de l'égalité de marche et des qualités nautiques des vaisseaux destinés à naviguer par tous les temps, en groupes très nombreux, il fut ordonné par M. de Castries, maréchal de France, à tous les constructeurs, d'envoyer des plans des types adoptés, et Borda en fut choisi pour juge. A ce sujet, je me souviens d'avoir vu, il y a plusieurs années, une réponse au ministre, dans laquelle les formes de chaque plan étaient analysées et que Borda terminait en exposant qu'il avait fait lui-même un plan qu'il croyait remplir les qualités voulues ; mais comme il valait mieux qu'une telle œuvre fût exécutée par son auteur, il engageait Son Excellence à donner la préférence aux plans de M. Sené, qui n'ont cessé d'être adoptés qu'à l'apparition des machines à vapeur, puisque son *Océan* a existé 63 ans.

En 1781, il eut le commandement du vaisseau *le Guerrier*, et, en 1782, celui du *Solitaire*, de 64 canons, avec lequel il escorta un convoi de troupes qu'il rendit auprès de M. le comte de Grasse. Envoyé en croisière dans les environs de la Martinique, il se trouva après une nuit très obscure, au milieu d'une division anglaise de huit vaisseaux et il succomba désemparé dans toutes ses parties, mais après avoir laissé aux navires sous ses ordres, les chances de s'échapper. Il fut traité avec distinction par les Anglais et renvoyé sur parole pour continuer ses importants travaux ; mais le chagrin de cet échec et surtout la fatigue de trois campagnes altérèrent sa santé, abrégèrent sa vie et il mourut à Paris, en 1799.

Au sujet des instruments de Borda, il y a lieu de dire que, connaissant les défauts de l'octant de Halley, il reprit l'idée d'employer un cercle entier, déjà émise par le célèbre astronome Auguste Mayer et, en 1789, il décrivit son nouvel instrument le Cercle de réflexion, qui, mieux que tout autre, est utile à la navigation. Plus tard, il fit exécuter le Cercle répétiteur pour les observations à terre, et par l'heureuse idée du retournement de chacun de ces deux instruments, il annula les erreurs de la détermination du point de départ et diminua tellement celles de la graduation et de la lecture, par la totalisation des retournements, que toute erreur serait éliminée, en faisant sur le même angle une série allant jusqu'au tour complet de l'instrument. De plus, le parallélisme des miroirs, qui sert de point de départ, est évité de la sorte et c'est la partie des observations la plus exposée à des erreurs à la mer, en ce qu'il faut se servir de la ligne, souvent très vague, de l'horizon.

Nommé, avec deux de ses confrères, pour déterminer la longueur du pendule, il inventa une méthode employée depuis ; il détermina la forme des règles géodésiques qui ont servi de base au mètre et inventa un nouveau thermomètre pour en déterminer la dilatation.

Tel est l'aperçu des travaux de Borda qui, on a pu le remarquer, a su résoudre les questions d'une manière pratique, à mesure qu'elles se sont présentées, et a rendu ainsi des services dont profitent nos sciences modernes.

M. Bouquet de la Grye prend ensuite la parole.

DISCOURS DE M. BOUQUET DE LA GRYE

Membre de l'Institut, Vice-Président du Bureau des Longitudes

Monsieur le Président,
Messieurs,

Lorsque près d'un siècle a passé sur la tombe d'un officier de marine considéré comme un grand savant par ses contemporains, et qu'après ce long espace de temps on utilise encore ses inventions, on lit avec fruit ses mémoires scientifiques ; lorsqu'en fouillant les archives on retrouve partout les preuves que cet officier montra toujours un dévouement absolu à son pays, qu'il fut droit, brave et bon, nous devons le placer au premier rang dans le Panthéon de nos gloires nationales.

La marine a depuis longtemps payé sa dette de reconnaissance à Borda, en rendant son nom populaire. Il résonne dans le cœur de toutes les mères qui dirigent leurs fils vers la carrière maritime, de même qu'il fait tressaillir les vieux officiers au souvenir de deux années pleines de travail et d'espérance, écoulées au milieu d'amis en grande partie disparus. La ville de Dax, à son tour, vient nous dire qu'elle est fière de son enfant, et elle veut montrer à tous, les traits de celui qu'elle n'a jamais oublié.

L'Académie des sciences et le Bureau des Longitudes, conviés à venir glorifier la mémoire de l'un de leurs membres les plus éminents, croient devoir répondre à l'invitation qui leur a été faite, en faisant retracer la vie de celui qui a appartenu à l'Académie pendant un demi-siècle et a fait partie du Bureau dès sa création.

Jean-Charles de Borda est né en 1733 (4 mai). Son père, que les actes qualifient d'écuyer, seigneur de Labatut, s'était marié à une jeune fille de bonne noblesse du pays, Marie-Thérèse de La Croix, qui lui donna onze enfants.

Jean-Charles, ou plus simplement Charles, comme on l'appela plus tard, fut tenu sur les fonts baptismaux par le curé de St-Paul-lès-Dax, messire Charles de Biaudos de Castetis, parrainage qui lui fut utile et ne l'entraîna pas vers la vie religieuse.

Son instruction commença au Collège des Barnabites ; il y montra de telles dispositions, un tel amour de l'étude, et une si grande facilité à apprendre et à retenir, que ses maîtres n'hésitèrent pas à prédire que leur élève irait loin et leur ferait grand honneur.

Son père l'envoya ensuite compléter son éducation au collège de La Flèche. Ses succès y furent si grands, que les Pères qui le dirigeaient voulurent le faire entrer dans leur ordre.

Le jeune Borda devait être pour leur collège un professeur sans rival, une gloire pour l'institution ; mais les instincts de l'élève le portaient à une vie active : celle qu'il avait passé en plein air dans sa première jeunesse, sa nature ardente ne pouvant trouver de satisfactions suffisantes, dans les méditations du cloître ou dans les monotones répétitions de l'enseignement.

Son père, d'ailleurs, avait d'autres vues.

Chargé de famille, ayant à entretenir deux grands fils à l'armée, il voulait faire de Charles un magistrat, et cette carrière devait lui être facilitée par son frère « le Président » qui, non-seulement le désirait mais aurait pu ultérieurement lui réserver la succession de son office. Dans cette voie, pensait le père, il y avait une grande sécurité pour l'avenir, un grand honneur et « des profits. »

Si une question d'atavisme (le mot n'était pas encore inventé) pouvait être invoquée, la destinée de Charles de Borda devait le porter vers l'état militaire ; sa famille était plutôt d'épée, comme on disait alors, que de robe ; deux de ses parents proches avaient été tués à l'ennemi, et le Président, son propre oncle, était bien plus un « curieux » qu'un magistrat ; plutôt chercheur intrépide de minéraux rares, de fossiles, que commentateur de vieux textes juridiques. Il était correspondant de l'Académie des sciences.

Charles voulut être militaire comme ses frères, savant comme son oncle.

Il demanda, et, après quelques luttes, finit par obtenir l'autorisation d'entrer dans le corps des ingénieurs militaires.

Un an plus tard, présenté à d'Alembert, il lui remit une note sur une question de géométrie qui lui parut assez importante pour déclarer, comme les Barnabites, « que ce jeune homme irait très loin ; ce serait un excellent sujet pour l'Académie ». On s'y préparait alors de bien loin ! La prédiction fut du reste pleinement réalisée.

Les premiers essais que Charles de Borda envoya à l'institution qui rayonnait « pleinement dans toute l'Europe », portèrent sur une question qui avait occupé Bernouilli, Euler, et donné à Lagrange l'occasion de créer une nouvelle branche de l'analyse : le calcul des variations. Il s'agissait de chercher la courbe qui sous le même périmètre renferme la plus grande surface, ou qui, en tournant autour d'un axe, produit le plus grand volume.

Borda put, entre ces hommes de génie, montrer une très grande science et surtout un suprême bon sens ; il prouva qu'en modifiant légèrement la méthode d'Euler elle pouvait convenir à tous les cas et que les équations de Lagrange avaient besoin d'une petite correction.

A la suite de ces observations, ce dernier savant perfectionna sa méthode devenue aujourd'hui classique.

Charles de Borda passa aux chevau-légers, comme « maître en mathématiques » en 1755, à l'âge de vingt-deux ans et il sut, tout en gagnant l'amitié des jeunes officiers de ce corps, leur inspirer un grand amour de la science.

Tout le monde s'y livrait d'ailleurs à cette époque, même les littérateurs, même les femmes : l'entraînement était général, aussi grand que quarante ans auparavant, pour le « système » de Law.

Charles de Borda était à la tête de ce mouvement dans la jeunesse studieuse ; il paya sa bienvenue à l'armée en composant un mémoire sur le jet des bombes qui fut lu par lui à l'Académie le 29 mai 1756, et que Bouguer et Clairaut déclarèrent excellent. Les registres portent « qu'une « solution mathématique de ce problème ne pouvait être donnée d'une « façon plus satisfaisante et que le mémoire décorera le volume où il « sera imprimé. »

Un mois après avoir voté l'impression de ce travail de Borda, l'Académie le nomma (30 juin 1756) adjoint géomètre, premier échelon d'une hiérarchie abandonnée aujourd'hui.

Envoyé à Dunkerque avec son régiment, la vue des navires et des problèmes si divers de leur construction et de leur marche le poussa à abandonner la science pure, pour celle peut-être plus terre à terre, mais non moins difficile de l'application.

Les lois que Newton avait données sur les résistances des fluides avaient alors cours ; Borda, à la suite de quelques essais, pensait qu'elles ne représentaient pas la vérité.

Pour les vérifier, il fit construire un grand appareil, consistant en un volant muni d'une tige sur laquelle on pouvait ajuster des surfaces de diverses grandeurs sous des inclinaisons variées.

Le volant était mû par une corde, enroulée sur une poulie concentrique à son axe, et portant un poids.

On appréciait par le temps de la descente du poids la résistance offerte par l'air.

Ces expériences délicates, poursuivies patiemment et conduites avec un grand sens scientifique, donnèrent lieu à un mémoire qu'il lut quelques années après à l'Académie. Il y fut l'objet d'un rapport étendu adoptant les conclusions de l'auteur qui étaient en contradiction avec ce que l'on enseignait. Borda établissait, en effet, que la résistance offerte par l'air à une sphère, n'est pas la moitié de celle d'un cylindre ayant le même grand cercle que la sphère, et dont l'axe serait dans la direction même du mouvement. Il montra également que les résistances sont à peu près proportionnelles au carré des vitesses, en raison du sinus de l'inclinaison et croissent plus vite que les surfaces.

Entre temps, ses fonctions militaires l'avaient détourné de ces premières expériences.

Attaché comme aide-de-camp au maréchal de Maillebois, il assistait au combat livré par le maréchal d'Estrées au duc de Cumberland à Hastembeck. Après la victoire de notre armée, qui fut suivie peu après de la convention de Kloster-Seven, Borda revint à ses études et pendant dix ans poursuivit ses essais sur les résistances des fluides.

Le mémoire qu'il présenta à l'Académie en 1766, a trait à l'écoulement de l'eau par une ouverture pratiquée dans le fond d'un vase, ouverture munie ou non d'un ajutage.

Borda démontra au moyen d'expériences ingénieuses, que l'hypothèse de Bernouilli et de d'Alembert sur l'horizontalité des tranches du fluide, n'était admissible que dans le cas d'une ouverture infiniment petite, et il donna la correction qui doit être introduite dans la formule, si l'on agrandit quelque peu cette ouverture.

Il étudie aussi, après Newton, la contraction de la veine fluide et trouve par deux méthodes des résultats concordants et différents de ceux donnés par l'illustre géomètre.

Il applique enfin à divers cas le principe de la conservation des forces vives, en faisant une correction due aux frottements du liquide et obtient par l'expérience des résultats peu differents de ceux indiqués par la théorie.

Les commissaires de l'Académie qui examinèrent ce travail, frappés de l'ingéniosité des vues de l'auteur, terminent leur rapport en disant :

« On ne s'imagine guère, en voyant sortir de l'eau par une ouverture « faite à un vase, qu'un effet qui paraît si simple puisse donner lieu à des « recherches si utiles et si curieuses. »

La question était loin d'être épuisée, les recherches de Borda continuèrent et les discussions aussi.

Une lettre de Condorcet, écrite à mi-page, avec les réponses de Borda vis-à-vis, montre que les opinions des deux savants différaient sur plus d'un point.

« Voilà, disait Borda, une réponse à votre profession de foi ; je suis « fâché que vous ne soyez pas de ma croyance, mais nous n'en irons pas « moins tous les deux en Paradis sauf à y disputer sur les fluides..... Je « vous embrasse de tout cœur. »

En 1767, Borda donna une nouvelle preuve de l'ingéniosité de son esprit en soumettant au calcul le problème des roues hydrauliques.

Son travail, lu à l'Académie et inséré dans les *Mémoires* avec un rapport favorable des commissaires, porte sur le jeu des roues verticales et horizontales. Il donne dans chaque cas les conditions à remplir pour obtenir le maximum d'effet, et montre la valeur des roues hydrauliques horizontales à aubes courbes, première ébauche des turbines.

A cette date, le nom de M. de Borda faisait déjà quelque bruit : ses recherches sur la résistance de l'eau pouvaient être utilisées dans la marine. Aussi, le ministre, M. de Praslin, malgré bien des oppositions, n'hésita pas à réclamer ses services et, sur son acceptation, il fut envoyé, comme lieutenant de port surnuméraire, à Brest. C'était un troisième changement de carrière, et Borda montra dans la marine, plus encore qu'antérieurement, ses grandes qualités.

Avant d'être embarqué sur la flûte *la Seine* (13 septembre 1768), il donna à l'académie un mémoire sur le jeu des pompes des navires et sur celles employées dans les mines pour les épuisements.

La méthode d'analyse est encore la conservation des forces vives, et il démontre par la théorie et par l'expérience que, pour éviter des pertes de force, il fallait diminuer les vitesses des pistons ainsi que leur course.

Le théorème de Borda sur la réduction des forces motrices a reçu plus tard une confirmation basée sur le théorème de Carnot relatif aux chocs des corps non élastiques.

Borda fut élu membre associé de l'Académie le 6 juillet 1768.

Bientôt après, il reprit la question de la résistance de l'air, qu'il avait traitée treize ans auparavant, lorsqu'il s'occupait du jet des bombes ; le travail qu'il remit à l'Académie, beaucoup plus complet que le premier, contient des tables donnant les portées des diverses pièces d'artillerie sous plusieurs inclinaisons et avec des vitesses des projectiles variés. Ce mémoire fit de suite autorité, aussi bien dans l'armée de terre que dans la marine.

Nous voyons se dessiner de plus en plus dans ses divers travaux le caractère de son esprit, et, comme l'observe un de ses confrères, « il « montre une facilité surprenante à saisir les objets, un esprit extraor- « dinaire de détails et une précision rare dans les idées ».

Il devait plusieurs fois encore trouver l'occasion d'utiliser au profit de son pays ces heureuses qualités.

Depuis plusieurs années on s'occupait avec passion en France et à l'étranger de la conduite des vaisseaux ; l'Angleterre avait promis un prix considérable pour la meilleure « horloge » marine, celle qui devait conserver à bord le mieux possible l'heure du point de départ.

La solution de ce problème avait occupé deux de nos meilleurs artistes, Pierre Leroy et Berthoud, deux noms qui ont trouvé des successeurs dignes de les porter, et un gentilhomme attaché à la cour, le comte de Courtanvaux, venait d'armer à ses frais un navire pour faire l'essai d'une de ces horloges.

De Fleurieu et Pingré, dans une autre navigation d'assez courte durée, avaient aussi trouvé que les longitudes obtenues par l'emploi des « horloges de mer » étaient satisfaisantes.

Il fallait toutefois une épreuve définitive pour juger une question encore discutée, dont les vieux praticiens se défiaient et qui était d'une importance supérieure.

Un nouveau voyage fut décidé par le secrétaire d'Etat au département de la marine, M. de Boynes ; l'expédition devait avoir uniquement pour objet des opérations relatives à la perfection de la navigation. M. de Verdun de la Crenne fut désigné comme commandant la frégate *la Flore*, MM. Borda et Pingré feraient les expériences.

Elles ont été relatées dans un premier mémoire, puis ultérieurement publiées dans deux volumes in-quarto.

Il est difficile de ne pas admirer, en les feuilletant, le soin avec lequel tout avait été ordonné. « Tout le monde calcule à bord, dit Borda, même les timoniers. » Le résultat de la mission fut un triomphe pour les artistes français. L'art de la chronométrie était du premier coup poussé à une grande perfection.

Des progrès avaient été également réalisés dans les méthodes de calcul et quoique dans les deux volumes on ne dise ni le nom de celui qui les les avait écrits ni de celui qui avait été l'âme de l'expédition, la réputation de Borda en reçut un nouvel éclat. Il était d'ailleurs impossible de ne pas lui attribuer le mérite de la méthode de calcul des distances lunaires qui a conservé son nom.

L'Académie nomma Borda son pensionnaire le 19 février 1772, lorsqu'il était encore à la mer. Avant la fin de cette campagne de *la Flore, la frégate française* étant à la hauteur de Terre-Neuve, fit la rencontre du *Nautilus*, petite frégate anglaise qui, en pleine paix, appuya d'un coup de canon à boulet l'invitation au navire français de s'arrêter. Le commandant anglais voulait simplement s'assurer si les papiers de M. de Verdun de la Crenne étaient en règle, et il envoya à bord de *la Flore* un de ses officiers porteur des siens, pour que le commandant français fît la même vérification.

C'était une singulière manière de saluer les gens : on ne fit qu'en rire à bord de la *Flore* qui, d'une seule bordée, aurait pu écraser le *Nautilus*.

En 1775, une nouvelle expédition fut décidée par le ministre de la marine. Elle devait, comme la précédente, avoir un but spécial, le levé exact des parages visités par les navires.

De Borda eut pour cette mission le commandement de la *Boussole* et, sous ses ordres, M. de Puységur, commandant l'*Espiègle*.

Si la relation du voyage manque, il nous reste les cartes levées par Borda : elles sont étonnantes d'exactitude.

Aujourd'hui que nous avons toutes facilités de déterminer à terre des latitudes absolument justes, d'avoir, au moyen des câbles électriques, les longitudes des points avec une approximation inespérée, on trouve que la position de Santa-Cruz (Ténériffe) déterminée par Borda est exacte en longitude, à moins d'une minute de degré, et que la latitude est **absolument parfaite.**

Il y a bien des rades souvent visitées par les navires qui ne sont pas, à l'heure actuelle, mieux déterminées.

Ce travail fut fait avec la coopération de deux officiers espagnols, et si je relève cette assistance, c'est pour rendre hommage à un officier des plus distingués de la même nation, le commandant Pujazon, que la science vient de perdre et qui, récemment encore, m'aidait à déterminer les coordonnées géographiques des mêmes parages, objets des soins de M. de Borda.

Ce voyage valut à Borda la croix de chevalier de St-Louis.

Bientôt après, il donna une nouvelle preuve de l'activité de son esprit, en réalisant de la manière la plus heureuse une idée émise longtemps auparavant par Tobie Mayer et tombée dans l'oubli.

Les instruments de navigation les meilleurs, les octants et les sextants, étaient alors construits en Angleterre. Borda pensa que les artistes français pouvaient arriver à fournir un instrument plus parfait ; il suggéra à Lenoir l'idée d'une disposition qui faisait du sextant un cercle (comme l'instrument de Ramsden), mais permettait la répétition des angles.

C'était du même coup supprimer deux causes d'erreur dans l'instrument usuel. Cette invention peut être considérée comme une des plus utiles à la navigation qui ait été imaginée. C'est ce cercle légèrement modifié qui est, on peut le dire, l'âme des reconnaissances à la mer : c'est grâce à lui que Beautemps-Beaupré et ses successeurs ont pu créer une science hydrographique réellement française et des méthodes qui se sont substituées partout à celles autrefois en usage.

Le 6 avril 1778, le chevalier de Borda était appelé aux fonctions de major dans l'escadre commandée par le comte d'Estaing.

Il assista à la prise de l'Ile de la Grenade sur les Anglais, et le surlendemain, 6 juillet 1778, au combat où notre escadre fut encore victorieuse. Nos bâtiments allèrent ensuite mettre des troupes à terre pour assiéger la ville de Savannah.

A la fin de la campagne, le comte d'Estaing juge ainsi la conduite de son major : « Le comte de Broves, secondé par les soins et par le travail « aussi immense qu'utile et assidu de M. le chevalier de Borda, m'a fait « passer pendant le cours du siège tous les secours qui dépendaient de « lui. »

Son travail avait été en effet considérable ; il s'occupait de tout ce qui concernait les munitions, les vivres, les vêtements des troupes à terre et à bord. Dans une lettre adressée au comte d'Estaing, il fait la réflexion suivante : « Maintenant que je ne suis plus boulanger comme à Boston, « je trouve messieurs les matelots et les soldats bien difficiles. » Il donne toutefois des instructions pour mieux faire cuire le pain à l'avenir.

La campagne de notre escadre avait été rude, mais en somme glorieuse. Les Anglais avaient perdu 51 navires dont 18 de guerre.

A peine débarqué, le roi fit Borda capitaine de vaisseau et le 1ᵉʳ juillet 1780, le ministre écrit : « Sa Majesté, voulant traiter favorablement le « sieur Jean-Charles chevalier de Borda et lui donner des marques de la « satisfaction qu'Elle a eue des services essentiels qu'il a rendus dans les « fonctions de major dans l'escadre, lui fait don d'une pension de « 1000 livres pour être payée sa vie durant. »

En 1781, Borda reçut le commandement du *Solitaire ;* il avait sous ses ordres une division comprenant le vaisseau *le Triton*, trois frégates et une corvette.

Ses instructions portaient qu'il déposerait un corps de troupes à la Martinique et qu'il croiserait ensuite les Antilles pour inquiéter les navires anglais de commerce.

Il remplit sans encombre la première partie de sa tâche ; puis, le matin du 6 décembre 1782, en louvoyant à l'est de l'île de la Barbade, par un temps brumeux, il se trouva tout à coup en vue de l'escadre de Sir Richard Hugues, qui se composait de huit vaisseaux.

La lutte était trop inégale pour être tentée avec succès ; son navire marchant moins bien que ceux de l'ennemi, il se trouva bientôt placé entre le *Ruby* et le *Polyphème*, et soutint leur attaque pendant trois heures pour permettre au reste de sa division de s'échapper.

Il n'amena son pavillon que lorsque ses voiles déchirées, son gréement en pièces, ses étais coupés ne permettaient plus de gouverner le vaisseau.

Le mât d'artimon tombait peu après sur le pont.

Les Anglais traitèrent leur prisonnier avec distinction en raison de la bravoure qu'il avait montrée, et aussi de sa réputation de savant. Il fut compris dans le premier échange de prisonniers.

Si son honneur de marin et de militaire restait intact après un combat aussi inégal, son cœur avait été vivement frappé par la perte du navire qu'il commandait, perte qu'il attribuait justement à sa marche défectueuse.

Aussi, revenu en France et s'appuyant sur ses études antérieures, il donna tous ses soins à l'armement du vaisseau le *Téméraire*.

« C'est avec un grand plaisir, dit le ministre, que je vous fais part du

« compte-rendu avantageux qui m'a été rendu des bonnes qualités du
« vaisseau le *Téméraire*. Ce bâtiment gouverne bien et porte bien la
« voile : je ne laisse pas ignorer à Sa Majesté que c'est vous qui avez
« rédigé le plan du vaisseau, et combien vos lumières et vos talents sont
« utiles à son service. »

L'année suivante le ministre de la marine écrivait : « Il me paraît
« préférable de charger de la direction de l'école des constructions à
« Paris un académicien profond en théorie et versé dans la pratique de
« la construction qui, par l'usage de la mer, ait appris à appliquer
« utilement les principes scientifiques... Je ne connais personne qui
« satisfasse plus complètement à ces conditions que le chevalier
« de Borda. »

C'était encore un nouveau changement de carrière ; mais Borda, âgé
de 51 ans, avait assez l'habitude des hommes pour conduire des jeunes
gens, et assez de science pratique pour en faire de bons ingénieurs.

Il avait été aimé des officiers des chevau-légers : il le fut de ses
nouveaux élèves.

En 1786, le roi le nomma chef de division.

Lorsque quatre ans plus tard l'Assemblée constituante voulut
déterminer la longueur d'un grand arc de méridien, ce fut à Borda qu'elle
s'adressa pour avoir les modèles des instruments les plus perfectionnés
destinés à la mesure des angles, et il imagina à cet effet le cercle
répétiteur qui porte son nom et qui, dans les mains de Méchain, Delambre,
Arago, etc., devait donner des résultats d'une approximation inespérée.

L'Académie avait chargé particulièrement Borda et Coulomb de la
mesure de l'intensité de la pesanteur, et il donna un moyen simple et
élégant d'obtenir la longueur d'un pendule battant la seconde. Ce fut
encore à lui qu'on s'adressa pour mesurer une base, et son esprit ingénieux
lui suggéra l'idée d'employer pour cette mesure des règles bimétalliques,
qui donnent à chaque portée la correction de la dilatation par l'effet de
la température.

On se sert encore des règles bimétalliques dans les mesures les plus
précises.

On doit enfin à ce savant la méthode des doubles pesées qui est
universellement employée par les physiciens et par les chimistes.

Quoique Borda ait été conservé avec son grade en 1792 dans la
nouvelle organisation de la marine, il fut bientôt obligé de s'éloigner de
Paris et de l'Académie où sa vie était de qlus en plus concentrée.

Son nom seul le faisait comprendre dans la liste des personnes que la loi du 27 germinal an II atteignait ; mais ses se rvices étaient si appréciés de tous, qu'il fut un des premiers rappelés et un décret spécial de la Convention lui rendait ses fonctions après un an d'éloignement.

En 1796, l'Académie le nommait son Président.

Cet honneur suprême lui fut conféré non seulemeut en raison de sa grande science, mais aussi parce que son caractère « doux et aimable » était apprécié de tous.

Ces qualités et son patriotisme le firent comprendre avec son ami Bougainville le 5 prairial an V, dans la liste des dix membres présentés par le Conseil des Cinq Cents pour une place vacante dans le directoire.

Le 7 messidor an III, Borda et Bougainville avaient été déjà nommés membres du Bureau des Longitudes dans le décret même de la constitution du Bureau.

La santé de Borda avait été très éprouvée dans sa campagne de 1782. Il ne la ménagea pas, emporté par une ardeur toujours juvénile, travaillant malgré ses souffrances jusqu'au moment où les forces lui manquèrent. Le 13 ventôse an VII, il s'éteignit à la suite d'une maladie qui se termina par une hydropisie de poitrine.

Le jugement porté par les contemporains de Borda sur sa vie et ses œuvres reste celui de la postérité : il fut plein de science, dévoué à son pays et « rempli de vertus ».

Si la marine a conservé précieusement le souvenir de ce savant, c'est qu'elle a trouvé en lui un homme de mer dont l'esprit était toujours porté vers les choses ayant trait à son métier.

Les navires sur lesquels il était embarqué étaient les mieux tenus, l'esprit militaire y était parfait.

Il s'occupait du détail du service comme il le faisait du détail de ses expériences, unissant une grande rectitude de jugement à une grande bonté. Bougainville a dit sur sa tombe : « Borda fit toujours descendre « Minerve du ciel en terre et ses connaissances sublimes ont constamment « produit des découvertes ou des résultats utiles aux hommes. »

La Ville de Dax et l'Académie ont le même sentiment sur Borda que l'illustre navigateur. Si elles l'expriment moins pompeusement, elles ne peuvent que s'unir de cœur à la pensée qui a dicté à l'un de ses admirateurs les vers suivants qui terminent son éloge :

Te, Borda usque recens celebrabit fama superstes
Nec deserta tuo nomine sexa vacant.

M. Barbey, ministre de la marine, a terminé la série des discours. Il a remercié au nom du gouvernement et parlé lui aussi avec autorité de Borda. Et dans une forme également très heureuse, il a montré Borda qui f·t chevau-léger et marin comme un symbole de l'union qui doit exister entre ces deux forces de la patrie : l'armée et la marine.

Il nous a été malheureusement impossible de nous procurer, dans son entier, le discours de M. Barbey.

DISCOURS DE M BARBEY
Ministre de la Marine

En faisant dresser, a-t-il dit, la Statue de Borda sur une de vos places publiques, en donnant à cette cérémonie d'inauguration un éclat exceptionnel, vous avez accompli, Messieurs, un acte de piété et de justice dont les officiers de notre flotte vous sont profondément reconnaissants. Ils ont été habitués, en effet, dès leur entrée dans la carrière, à admirer, à vénérer le nom de Borda. Le vaisseau sur lequel ils se sont préparés à leur noble et rude métier a, dès l'origine, porté le nom de votre illustre compatriote, et leurs chefs n'ont pas cessé de le leur présenter comme un modèle à suivre en toute circonstance.

Le Ministre ajoute :

Borda était, en effet, l'homme du devoir. Partout où il s'est trouvé, dans les situations si diverses qu'il a occupées, d'abord dans les chevau-légers, plus tard dans le corps de génie, enfin, sur nos bâtiments de guerre, aide-de-camp de M. de Maillebois à la bataille de Hastembek, officier de la *Flore*, chef d'expédition sur la *Boussole* et l'*Espiègle*, major-général du comte d'Estaing pendant la glorieuse campagne de l'indépendance, Borda ne poursuivit jamais qu'un seul but : servir son pays et contribuer à sa gloire.

Le Ministre de la Marine termine ainsi son discours :

Quand je considère cette œuvre magistrale due au ciseau d'un éminent artiste, quand je contemple cette figure du guerrier et du penseur, je ne puis oublier qu'avant d'être un vaillant marin, Borda fut un vaillant soldat ; et ce n'est pas seulement son image vivante et superbe qui se dresse devant nous, c'est encore l'emblème de l'union indissoluble qui existe entre l'armée et la marine, issues l'une et l'autre des entrailles du pays animées du même esprit, que votre patriotisme, Monsieur le Président de la République, entoure d'une égale sollicitude, et que nous saluons tous avec le même sentiment d'amour, de fierté et d'espérance.

Le discours de M. le Ministre de la Marine est couvert d'applaudissements.

M. le Président de la République adresse ses félicitations à l'éminent
artiste, M. Aubé, et la cérémonie se termine par la remise de quelques
décorations.

L'inauguration étant terminée, le cortège officiel parcourt la Ville et
s'arrête dans ses divers établissements hospitaliers et thermaux. Après
l'Hospice, le Président visite successivement les Baignots et les Thermes
de Dax et adresse des éloges sur leur excellente installation balnéaire.

Puis, arrivé sur l'emplacement du vieux château-fort, il est reçu par
M. Paul Gardilanne, président, et les membres du conseil d'administration
de Dax-Salin-Thermal. Une décoration ingénieuse, où les colonnes de
sel gemme des salines de Dax jouent le principal rôle, et une mise en
scène des mineurs, dans leur costume de travail et avec leurs lampes à la
main, excitent l'étonnement des visiteurs. Le Président de la République
examine avec intérêt les produits naturels qui vont faire la fortune de
Dax, tout en soulageant les maladies qui sont tributaires du sel ; il voit
les plans du futur établissement, et après avoir donné son approbation à
cette œuvre humanitaire dont les pauvres profiteront dans une large
proportion, il pose la première pierre de l'*Etablissement de Bains salés
de DAX-SALIN-THERMAL*.

La visite de la Ville se termine par la *Fontaine-Chaude* de la Nèhe,
dont les 64 degrès de chaleur et le débit de 2,400.000 litres par 24 heures
émerveillent le Président et sa suite. •   •

Un banquet de 300 couverts au Théâtre, terminé par deux toasts, l'un
de M. le Maire et l'autre de M. le Président de la République, viennent
clore les fêtes de la réception.

Le discours de M. le Président de la République se termine par ces
mots :

« J'étais venu parmi vous, messieurs, pour associer le gouvernement de
la République à l'honneur que vous réserviez à la mémoire de l'illustre
enfant de votre cité. (Bravos). Les services rendus à l'art nautique et à
la science, le lustre que notre pays a reçu des travaux de ce savant aussi
modeste que dévoué, font de Borda une gloire française.
(Applaudissements répétés).

La République devait à votre grand citoyen un reconnaissant
hommage. J'y joins mon salut et mes vœux à sa ville natale, et je lève
mon verre à la ville de Dax. (Triple salve d'applaudissements.) Cris :
« Vive Carnot ! »